AF309889

CONSEIL DES CINQ-CENTS.

OPINION [1]

DE BRIOT (du Doubs),

Sur la question relative aux Émigrés naufragés à Calais.

Séance du 9 Floréal an 7.

REPRÉSENTANS DU PEUPLE,

La question élevée à l'occasion du jugement des émigrés naufragés à Calais, étoit une des plus importantes qui aient fixé l'attention des législateurs : je la regarde comme chan-

---

(1) J'ai différé la publication de ce discours afin de faire mieux ressortir la perfidie du placard affiché le 13 floréal sur tous les murs de Paris, portant pour titre : RÉSURRECTION DE CLICHY. L'auteur de cette affiche s'est écrié, dans un enthousiasme tout aussi loyal que patriotique... *Oh ciel ! puis-je en croire mes yeux ? On distribue avec profusion un écrit relatif aux émigrés naufragés à Calais. En le lisant, on diroit que c'est l'opinion d'un clichien affublé d'un bonnet rouge.....* Et c'est seulement aujourd'hui, 29 floréal, que je revois l'épreuve d'un discours dont la distribution, *faite avec profusion,* est dénoncée depuis seize jours, à tout Paris, comme un acte de conspiration.

Cette circonstance m'a fait un devoir de ne pas changer un seul mot à ce que j'ai dit à la tribune. Je livre donc mon discours, dans toute son intégrité, aux faiseurs de conspirations.

Je ne veux ni défendre ni discuter l'opinion que j'ai émise sur l'affaire des émigrés de Calais. Je la crois développée de manière à se défendre

A

gée par les événemens ; mais je ne crois, ni qu'elle ait perdu de son intérêt, ni qu'elle doive être légèrement dé-

elle-même aux yeux de ceux qui jugent avec impartialité & bonne - foi. Elle est beaucoup trop longue pour les autres, & ce n'est pas à eux que je veux parler. Quels qu'aient été les divers sentimens de mes collègues sur l'affaire qui a donné lieu à ce discours, il sera difficile de leur faire croire qu'il a eu pour but de ressusciter Clichy.

Un rapprochement bien étrange, c'est que l'homme qui le premier avoit émis à la tribune l'opinion que j'ai soutenue & développée après lui, & qui avoit présenté alors précisément & presque textuellement les mêmes dispositions, a été le premier à censurer amèrement mon discours, & à donner à cette censure le caractère d'une accusation grave. Je me serois abstenu de dire ceci, si, dans la séance du 27., cette accusation n'avoit pas été présentée d'une manière aussi intempestive que singulière, & qui doit fournir matière à plus d'une réflexion.

Il est faux que j'aie proposé la clôture de la liste des émigrés, sur-tout dans le sens que *les faiseurs de comparaisons* ont voulu donner à cette proposition. J'ai dit & je soutiens encore qu'il faut que l'arbitraire cesse d'exister en cette partie, & que la législation sur les radiations, les maintenues, les inscriptions à venir, soit déterminée & fixée de manière à rassurer tous les citoyens sur leur fortune & leur sûreté ; mais j'ai dit aussi, & je persiste à soutenir qu'il faut prononcer la clôture de la liste des émigrés pour le passé, (en laissant toutefois aux autorités un court délai pour porter sur la liste ceux qui sont réellement émigrés.) A coup sûr nul ne peut dormir tranquille s'il est permis aux passions, à l'arbitraire de le prévenir d'émigration, & d'exiger par ce seul motif de lui une preuve négative. Je pense qu'il y a très-peu d'hommes en France qu'on ne puisse perdre demain en exigeant d'eux de justifier qu'ils ont constamment & journellement résidé en France depuis le 14 juillet 1789, sur-tout quand c'est la même autorité qui inscrit, raye ou maintient les noms à son gré & irrévocablement sur la liste fatale. Voilà ce que j'ai dit & ce que j'ai voulu dire ; voilà ce que je me ferai un devoir de répéter à la tribune en y ajoutant des détails & des développemens qu'il me semble important de soumettre aux méditations des législateurs.

Des opinions raisonnées & justes ne se détruisent pas avec des pamphlets. Le législateur ne doit pas sans doute perdre son temps à les réfuter, parce que le peuple ne l'a pas élevé à ses augustes fonctions pour se quereller avec des laquais ; mais il doit quelquefois répondre à ceux qui commandent leurs libelles & à ceux qui les cidée. Cette difcuffion, à mon fens, tient effentiellement à la morale publique, aux grands événemens de la révolu-

---

paient : voilà ce que je ferai fans crainte & avec calme quand on voudra m'y forcer.

Les difcours perfides, les infinuations malignes ne doivent pas en impofer davantage. J'obferverai feulement à ces hommes fi prêts à défendre & à juftifier tout, excepté leurs collègues, & qui fe font un jeu de jeter çà & là des accufations indirectes, afin de les recueillir quelque jour & d'en former un faifceau de profcriptions; je leur dirai qu'il y auroit plus de bonne foi à jeter le gand avec franchife, & à montrer clairement ce qu'on veut & à qui on en veut; ils trou-veront alors ceux qu'ils fe plaifent à dénigrer perfidement prêts à éclairer la bonne foi ou à démafquer la méchanceté. Je crains peu les confpirations qu'on organife à la tribune; là chacun peut entendre, difcuter & répondre; les erreurs peuvent être réfutées & reconnues : mais je redoute beaucoup les confpirations qu'on colporte dans la poche, qu'on sème dans les fallons, & qu'on fe réferve d'impro-vifer quand on fera affuré de la victoire, ou de l'abfence & du fi-lence forcé de fes ennemis.

Je crains auffi *les réfurrections*, bien plus peut être que ceux qui les fignalent avec tant d'emphafe. Celle dont on parle le moins eft peut-être auffi celle qu'il faudroit le plus redouter; je veux dire, LA RÉSURREC-TION DE LA TYRANNIE. L'impunité du libelle infolent qui fignale à la France comme des actes de confpiration les opinions des repré-fentans du peuple avant même qu'elles foient rendues publiques, & cela fous un gouvernement qui a la dictature de la preffe, feroit feule une preuve que ma crainte n'eft pas chimérique.

Nous n'aurons de garantie certaine *contre toutes les réfurrections* fu-neftes à la tranquillité de la République, à la ftabilité de la conftitution, que quand la repréfentation nationale fera honorée, libre & indépen-dante; quand le Corps légiflatif ne fera plus la feule autorité qu'il fera permis de calomnier, qu'il fera beau de traîner exclufivement dans la boue.

On dira encore que c'eft ici le langage des clichiens. Cette figure de rhétorique devient à la mode à préfent. Dans le fait, c'eft la réponfe la plus courte & la plus commode; elle difpenfe de toute autre, & abrége les difcuffions. Mais l'opinion a mis à fa place cette accufa-tion, & la crédulité de ceux qui l'entendent égale la bonne-foi de ceux qui l'emploient. Il eft des déclamations qu'on eft convenu de jeter en avant & de répéter *officiellement*; mais auffi chacun fait qu'on doit les croire *officiellement*, & malheureufement la confiance *officielle* ne forme pas toujours l'opinion publique.

A 2

tion , aux principes fondamentaux de notre régénération politique. Elle importe au salut de l'empire, à la gloire du Corps légiflatif. Je ne fais fi je me fuis trompé, mais il m'a femblé néceffaire qu'elle fût approfondie, & l'importance que les ennemis de la révolution y ont attachée, nous apprend celle que nous devons y mettre nous-mêmes.

Depuis trois ans, légiflateurs, cette difcuffion eft un fcandale politique ; elle eft une preuve éclatante de la confpiration la plus perfidement ourdie contre la République. Signalée par nos annales, elle accufera aux yeux de la poftérité ces fénateurs, imprudemment audacieux, qui prononcèrent à la tribune l'abfolution des émigrés.

On a appelé l'Europe, les faftes des nations, la nature entière à la défenfe d'une poignée de fcélérats, le mépris de l'Europe & le jouet des Nations, que la nature elle même frappoit au fein du crime, & que les élémens vomiffoient à l'échafaud. On a préfenté les amis de la conftitution comme une horde de cannibales, que ni l'humanité, ni le droit des gens, ni les lois, ni les décifions des tribunaux, ne pouvoient empêcher de boire le fang de leurs frères infortunés. Les plaidoyers de Jourdan (des Bouches-du-Rhône) & de Portalis, ont retenti dans l'Europe : fondateurs de la République, défenfeurs de la conftitution, ces difcours étoient votre acte d'accufation : il n'eft pas indifférent à votre gloire que vous prononciez avant qu'Ils aient été réfutés, & en terminant des débats que l'honneur français & la conftitution ne nous permettent pas de prolonger, que l'Europe, que les Nations, que les Français entendent & nous jugent.

Ils ne font pas effacés encore, les faits & les rapprochemens que nous a préfentés cette difcuffion. Les émigrés accueillis, protégés, triomphans, fur cette terre qui n'offroit prefque plus d'afyle aux fondateurs de la République ; des légiflateurs altérés du fang des républicains, leur refufant la protection des lois, établiffant en principe qu'il n'y avoit *aucune mefure à garder avec des factieux* , & défendant par tous leurs efforts, par toutes les subtilités d'une fausse interprétation des lois, des rebelles armés, contre la patrie ; des représentans du peuple, des juges altérant le texte sacré des lois, pour en éluder l'exécution & tromper leurs collègues ; des tribunaux vendus aux satellites des rois, dont les juges signoient d'une main l'impunité des conspirateurs illégalement absous, & de l'autre l'absolution des conspirateurs légalement condamnés : voilà un tableau que recueillera la postérité.

On vous a proposé des actes de clémence, on pouvoit vous présenter des mesures sévères ; & il faut le dire, il est permis de balancer encore aujourd'hui entre le cri de l'humanité généreuse & la voix inflexible de la justice : mais quelle que soit votre détermination, législateurs, il faut justifier qu'elle n'est point le résultat d'une aveugle sévérité, ou une dérogation dangereuse aux principes de notre législation sur les émigrés. Quand on pardonne à des coupables, on a le droit de leur parler le langage austère des principes & des lois ; mais si vous croyez ce pardon commandé par les événemens, si dans le doute même votre clémence se plaît à le prononcer, la patrie, la constitution, vous commandent aussi de déclarer que cet acte d'indulgence sera le dernier, & qu'une discussion nouvelle en ce genre n'offriroit plus à vos yeux que la suite d'un attentat qu'il faudroit réprimer.

Je viens combattre également & le projet présenté par votre commission spéciale, & la demande faite au nom des émigrés naufragés à Calais, dans l'écrit qu'ils nous ont récemment distribué.

J'ai cru devoir examiner la question qui nous occupe sous ses divers rapports : en écartant des sophismes que Portalis & Jourdan (des Bouches-du-Rhône) appuyèrent naguère sur une dialectique adroite, & embellirent par les charmes de l'éloquence, j'ai dû nécessairement entrer dans divers détails ; afin de ne pas fatiguer votre attention , je vais vous préfenter les diverfes propofitions dont je chercherai dans ce difcours à vous offrir le développement & la preuve.

1re. Les émigrés ou naufragés , ou fe difant naufragés à Calais , devoient être jugés par une commiffion militaire , & punis de mort.

2e. Le jugement de la commiffion militaire qui les a acquittés , fut illégal & nul ; il ne pouvoit point être un obftacle à leur nouvelle mife en jugement.

3e. La loi du 15 thermidor an 5 eft inconftitutionnelle , & ne peut , fous aucun afpect , être maintenue.

4e. Si l'art. 16 de la loi du 9 fructidor paroît avoir changé l'état de la queftion , il n'eft point un obftacle aux mefures de précaution que le falut public commande à l'égard des coupables qu'épargneroit la générofité nationale.

Les émigrés font les ennemis naturels du peuple & de la République : pour qu'il devînt néceffaire de retracer leurs attentats , il faudroit au moins qu'une nation , une voix en Europe fe fût élevée pour les contefter ou les affoiblir , & répondre à l'indignation générale qu'ils ont excitée. Quand le mépris , la défiance , la haine univerfelle les chaffent au fond des déferts de la Sibérie , ce n'eft pas au fein de la France qu'on affoiblira de pareils fentimens. Prouver que nous devons les détefter & les punir , feroit à mes yeux une accufation contre notre époque , un outrage fait aux principes & aux fentimens de ceux devant lefquels on tiendroit ce langage.

Chez toutes les nations , trahir fa patrie , prendre les armes contre elle , a été un crime placé au-deffus de la ligne générale des crimes. Celui qui brife les liens qui l'uniffent au corps politique , qui s'arme contre fa patrie , devient l'ennemi naturel de chaque citoyen ; il faut le détruire , afin de ne pas être affaffiné par lui.

Des principes plus généreux ont dicté notre légiflation fur

les émigrés; & il eft à remarquer que c'eft fur-tout en cette matière que les lois ont le moins varié à toutes les époques de la révolution, & que leurs principes n'ont jamais été combattus. Le peuple français a prononcé fur leur fort par un grand acte de fouveraineté : les lois rendues contre eux, celle du 25 brumaire particulièrement, font devenues auffi immuables que la conftitution. Un banniffement éternel ou la mort, voilà les peines prononcées contre les émigrés; le banniffement contre tous indiftinctement, & la mort s'ils ofent l'enfreindre : la mort contre tous ceux qui ont porté ou portent les armes contre leur patrie, s'ils tombent en fon pouvoir. Aucune autorité n'a le droit de faire remife de la peine, ni d'établir des exceptions : toute votre puiffance, citoyens légiflateurs, fe borne à fixer ou changer le mode d'exécution du châtiment prononcé par le peuple fouverain, & déterminé pour ainfi dire conftitutionnellement.

Criminels convaincus & jugés, quelle raifon les émigrés pourroient-ils faire alléguer en leur faveur ? réclameroient-ils les formes établies pour tous les citoyens par les lois conftitutionnelles de l'Etat ? Mais ils ne font pas citoyens ; ils ont renoncé au droit de cité, à la protection des lois de leur patrie : en fe déclarant fes ennemis, ils ont eux-mêmes prononcé leur propre fentence, & c'eft d'ailleurs la conftitution elle-même, la volonté fouveraine & immuable du peuple, qui l'a prononcée.

Invoqueroient-ils le droit des gens ? Eh! quel rapport peut exifter déformais entre eux & la République? Tel eft l'admirable réfultat de l'organifation des fociétés civiles, qu'un étranger, tant qu'il ne viole pas les lois d'une nation, y eft protégé non-feulement par les lois de cette nation, mais encore par toute la force & la puiffance de la nation dont il eft membre : il la repréfente alors en quelque forte ; s'il reçoit un outrage, s'il éprouve une vexation, ils rejailliffent fur l'Etat dont il eft membre : celui-ci doit prendre fa défenfe, & obtenir réparation. Dans la guerre même, qui place les nations en état d'agreſſion & de défenſe naturelle , les vaincus ne ſont reſpectés & conſervés que parce que les Etats ſont convenus de ſe faire en temps de paix le plus de bien & en temps de guerre le moins de mal poſſible ; parce que dans l'état de nature , tout traitement qui excède la néceſſité d'une défenſe légitime , eſt violence & barbarie , & que le droit de repréſailles établit une ſorte de garantie à cet égard.

Mais à quelle nation appartiennent les émigrés , quel peuple les a adoptés, quel Etat les réclame, quel ſiècle a vu donner cet effrayant exemple d'une nation intervenant dans l'exécution d'un traître convaincu & jugé ? . . . . . . Et quand même l'émigré auroit obtenu quelque part le droit de cité , cette qualité peut-elle effacer ſon crime & le ſouſtraire à l'action des lois lorſqu'il tombera ſous leur puiſſance ?

Le droit des gens réclamé par les émigrés ! Mais la ſeule acception du terme annonce qu'il doit être réclamé par un citoyen : le coupable condamné n'eſt plus citoyen d'aucun Etat : comment prétendroit-il traiter avec ſes juges comme de puiſſance à puiſſance ? quand ſa ſentence eſt prononcée , il ne peut plus avoir de relation qu'avec l'exécuteur des jugemens criminels.

Mais du moins l'émigré eſt homme , & la nature , qui régit tout , lui donne droit aux égards voulus par l'huma-nité. Légiſlateurs , de ce que le coupable condamné au nom des lois fut un homme ; que peut-il exiger ? qu'on n'aggrave pas la peine portée par la loi , qu'on n'inſulte pas au malheur en puniſſant le crime ; que l'humanité ſoit en lui reſpectée , ſecourue & ſoulagée ; que le juge lui donne même une larme en prononçant ſa ſentence , & que l'exécuteur frappe en frémiſſant : voilà tout. Mais ſi les lois de la nature peuvent abſoudre des crimes contre la ſo-ciété , retournons à nos cavernes , prenons les armes , & mettons-nous en état de défenſe.

Les défenſeurs des émigrés , Jourdan (des Bouches-du-

Rhône) & Portalis , diſtinguèrent deux claſſes d'émigrés, les émigrés ſimples & les émigrés hoſtiles. Les uns , dirent-ils , ne peuvent être punis de mort que dans le cas où ils abordent le territoire ; les autres, s'ils ſont pris même hors le territoire armés contre la France , ou dans quelqu'un des cas prévus par les lois. . . .; *mais ils ne peuvent être punis que dans le cas où ils sont* PRIS ; & ſi un événement imprévu les met en votre puiſſance , ils ſont abſous par la fortune ; vous n'avez aucun droit de les frapper.

Légiſlateurs , ce raiſonnement eſt baſé ſur un faux principe & ſur une altération coupable du texte de la loi.

J'avoue que tout émigré qui n'a pas porté les armes contre ſa patrie n'eſt puniſſable de mort que dans le cas où il franchit volontairement nos frontières. La peine prononcée contre lui par nos lois eſt le banniſſement à perpétuité. La mort eſt la peine portée contre l'infraction du banniſſement : dès que cette infraction n'eſt pas volontaire, il ne peut y avoir de châtiment, car il n'y a pas de délit où il n'y a point eu de détermination.

Mais l'émigré qui prend les armes contre ſa patrie eſt dès cet inſtant condamné à la mort. Ce n'eſt pas l'infraction de ſon banniſſement , c'eſt le parricide que la loi punit , & cette peine eſt portée contre lui dès l'inſtant où le délit eſt commis. Le ſoldat qui frappe un émigré dans le combat, la commiſſion militaire qui envoie à la mort l'émigré convaincu d'avoir porté les armes , en quelque lieu qu'il ſoit arrêté , ne font qu'appliquer la peine de la loi. La manière dont l'émigré tombe alors ſous la main de la loi eſt indifférente, car ſon crime eſt jugé. L'aſſaſſin échappé à l'échafaud au moment de ſon ſupplice, ſeroit-il admis à ſolliciter ſon abſolution ſi les élémens, le haſard ou la fortune le remettoient au pouvoir de la juſtice ?

Légiſlateurs, reliſez les fameux rapports faits en l'an 5 par Jourdan (des Bouches-du Rhône) & Portalis, vous verrez que ces deux plaidoyers, tant vantés par les contre-

révolutionnaires , tant répétés en Europe par des confpirateurs , ne portoient uniquement que fur cette fauffe fup-
pofition , que les émigrés ne peuvent être puniffables que
lorfqu'ils font pris. Il fuffit de rappeler le texte précis de
la loi pour réfuter tous les raifonnemens qu'ils ont déduits
de ce principe erroné.

L'article VII du titre V de la loi du 25 brumaire an 3 ,
concernant les émigrés , eft ainfi conçu :

« Tous les Français émigrés qui feront pris faifant partie
» des raffemblemens armés ou non armés , ou ayant fait
» partie defdits raffemblemens ; ceux qui ont été ou feront
» pris , foit fur les frontières , foit en pays ennemi , ou
» dans celui occupé par les troupes de la République ,
» s'ils ont été précédemment dans les armées ennemies ou
» dans les raffemblemens d'émigrés ; *ceux qui auront été ou*
» *fe trouveront faifis de congés ou de paffeports délivrés par*
» *les chefs français émigrés ou par les commandans mili-*
» *taires des armées ennemies,* font réputés avoir fervi contre
» la France ; ils feront en conféquence jugés dans les
» vingt-quatre heures par une commiffion militaire, com-
», pofée de cinq perfonnes nommées par l'état-major de
» la divifion de l'armée dans l'étendue de laquelle ils au-
» ront été arrêtés. »

Cet article étoit clair & précis ; il contenoit la difpofition
précifément applicable au cas particulier. La loi faifoit trois
claffes principales d'émigrés contre lefquelles elle pronon-
çoit la peine de mort applicable par une commiffion militaire. « Sont réputés avoir fervi contre la France , dit-
» elle ,

» 1°. Ceux qui feront pris faifant partie des raffem-
» blemens armés ou non armés , ou ayant fait partie def-
» dits raffemblemens ;

» 2°. Ceux qui ont été ou feront pris , foit fur les
» frontières , foit en pays ennemi ou fur celui occupé par

» les troupes de la République, s'ils ont été dans les
» armées ennemies ou les rassemblemens d'émigrés ;

» 3°. Ceux qui auront été ou se trouveront saisis
» de congés ou passeports délivrés par les chefs français
» émigrés ou les commandans militaires des armées en-
» nemies. »

Et remarquez, citoyens législateurs, que la loi ne prononce pas même positivement contr'eux la peine de mort ;
elle va plus loin, elle reconnoît que ces émigrés l'ont
encourue au moment qu'ils ont pris les armes, & qu'elle
est prononcée contre eux par toutes les lois de la nature
& de la société ; elle se borne à déterminer qu'une commission militaire leur appliquera cette peine dans les vingt-
quatre heures.

Le troisième paragraphe de cet article étoit évidemment
celui qui devoit s'appliquer au cas des émigrés naufragés
à Calais.

Ils étoient, de leur aveu, à la solde d'une puissance
ennemie de la France ; ils étoient saisis de congés & de
passeports délivrés par les commandans militaires des armées
ennemies ; l'un d'eux étoit le chef d'un régiment de hussards
armé *contre les régicides français* ; les autres servoient sous
ce chef parricide : la peine de mort leur étoit donc clairement applicable.

Comment pourtant en a-t-on imposé alors à la France
& aux législateurs ? Ici, représentans du peuple, je suis
forcé de vous dénoncer un crime ; il a été celui des juges
de la commission militaire, ou des rapporteurs Jourdan &
Portalis, peut-être celui de tous. Ils ont osé mentir à
la France & au Corps législatif en altérant le texte sacré
de la loi avec une adresse aussi perfide que coupable. Un
mot ajouté par eux a détruit totalement le sens de la loi.

Ceux, ont-ils dit, qui seront saisis *munis* de congés, &c. &c.

Législateurs, c'est ce mot *munis* qui, altérant la disposition de la loi, les a autorifés à dire que pour être puniffable, l'émigré devoit *avoit été faifi* ; c'eft cette expreffion qui a formé tout l'échafaudage de la défenfe des émigrés de Calais.

J'ai refufé d'abord d'en croire mes yeux : j'ai aimé à foupçonner qu'il y avoit une altération dans mon exemplaire de la loi, quoique d'une édition originale ; & c'eft en recourant à plufieurs autres, & notamment à celui dépofé à votre commiffion de claffification des lois, que j'ai reconnu la fraude criminelle que j'ai dû vous fignaler.

Si vous méditez l'enfemble de l'article que je viens de vous citer, vous ferez encore mieux convaincus de la force de mon obfervation. En effet, dans le fens que les défenfeurs des émigrés naufragés à Calais vouloient donner à ce troifième paragraphe, il ne feroit qu'une répétition du fecond, & l'un ou l'autre feroit devenu totalement inutiles : il auroit été au moins fuperflu de faire une claffe féparée de ceux qui auroient été précédemment dans les armées ennemies ou dans des raffemblemens d'émigrés, & une autre claffe de ceux qui feroient *munis* de paffe-ports ou congés délivrés par les chefs émigrés, ou les commandans ennemis ; car ces congés ou paffe-ports feroient une preuve de l'exiftence précédente des porteurs dans les armées ennemies.

Il eft évident, au contraire, que la loi a voulu punir tous les émigrés portant ou ayant porté les armes contre leur patrie ; & qu'en les fignalant, elle a diftingué, 1°. ceux qui feroient pris armés, 2°. ceux qui feroient pris dans des raffemblemens, 3°. ceux qui feroient pris ayant porté les armes ou ayant fait partie de raffemblemens, 4°. ceux qui feroient porteurs de pièces conftatant qu'ils ont porté ou qu'ils portent les armes contre la patrie.

Enfin plus on médite cet article, plus fes difpofitions paroiffent claires & précifes, plus on eft indigné de la mauvaife foi de ceux qui n'ont pu en obfcurcir le fens qu'en l'altérant, & ont abufé ainfi de la bonne foi de leurs col-lègues, pour leur arracher une mefure contre-révolutionnaire & anti-conftitutionnelle.

Les émigrés naufragés à Calais devoient donc être con-damnés par une commiffion militaire, puifqu'ils étoient aux ordres d'un chef français émigré, qu'ils étoient porteurs d'engagemens & paffe-ports délivrés par les commandans militaires des armées ennemies, & plufieurs d'entre eux de la promeffe de fervir *contre les régicides français*.

En rétabliffant le texte de la loi du 25 brumaire, j'ai renverfé l'échafaudage de la défenfe des émigrés de Calais. Mais, citoyens légiflateurs, ce n'étoit pas une poignée d'individus qu'on défendoit alors, on faififfoit avec tranf-port l'occafion de faire une fatire amère de notre légifla-tion fur les émigrés; on vouloit intéreffer en leur faveur; on leur organifoit une garantie contre la puiffance de la République; on préparoit l'accufation de nos braves qui, pendant la guerre de la liberté, ont toujours puni par-tout les émigrés armés contre la patrie; on cherchoit à nous amener vers une modification des lois établies & que la conftitu-tion a rendues irrévocables; & les difcours des défenfeurs des émigrés naufragés à Calais, prononcés alors pour pré-parer la contre-révolution, n'exiftent plus aujourd'hui que pour fervir d'accufation conrre leurs auteurs.

Citoyens légiflateurs, j'ai éprouvé le defir de vous pré-fenter l'analyfe des difcours de Jourdan & de Portalis. Elle feroit utile à faire pour apprécier l'influence & les moyens dont jouiffoient alors les ennemis de la République; elle ne devroit pas être négligée, mais auffi elle feroit en cet inftant un poids dans la balance où fe pèfent les deftinées de plus de quarante individus. . . . . Cette réflexion m'a fait du filence un befoin plus encore qu'un devoir; je parle pour les grands intérêts de la République, & non pour accabler quelques miférables : aux crimes dont ils font coupables, je ne veux pas ajouter les crimes de leurs défenseurs : ceux-ci ne défendirent la caufe de quelques particuliers que dans l'intention d'affaffiner la République & de calomnier la révolution, nous ne devons pas défendre aujourd'hui la caufe de la patrie de manière à ajouter aux malheurs de fes ennemis même les plus coupables. Cette efpèce de rapprochement avec la conduite des confpirateurs feroit trop au-deffous de nous.

D'après les principes que je viens de développer, s'il eft un acte illégal & monftrueux, c'eft le jugement de la commiffion militaire de Calais. A coup fûr, les hommes qui l'ont rendu font les ennemis de la République, ou des fonctionnaires corrompus ; &, quels qu'ils foient, s'ils n'ont pas été deftitués, s'ils font employés aujourd'hui, il faut imputer à ceux qui les ont protégés une négligence bien fingulière ou une complicité coupable.

J'examine maintenant fi les circonftances avoient changé, avant le 18 fructidor, la pofition des émigrés naufragés à Calais, & fi leur longue détention, fi ce qui s'étoit paffé depuis, qui intéreffe en leur faveur la fenfibilité, avoit pu changer quelque chofe à leur pofition primitive.

Un acte d'une commiffion militaire, qu'on a appelé jugement, les acquitte du crime d'infraction du banniffement, & jette des nuages fur celui de port d'armes contre la République.

La loi du 15 thermidor an 5 a décidé qu'ils feroient fur-le-champ déportés en pays neutre.

Si cette loi eût été rendue dans des circonftances ordinaires, fi les hommes qui l'ont préparée & arrachée au Corps légiflatif n'avoient pas été en état flagrant de confpiration, le Directoire exécutif feroit coupable de n'avoir pas exécuté cette loi ; la févérité des principes exigeroit qu'on lui demandât compte de cette négligence ou de cette rebellion.

En rappelant les principes, nous en verrons découler une conséquence nécessaire, terrible pour les ennemis de la patrie, qui servira sans doute de prétexte à leurs calomnies, mais qui seule peut défendre nos frontières de la présence des émigrés, & donner à la République une garantie contre leurs perfidies.

Aucun tribunal militaire ou civil n'a le droit d'acquitter un émigré ; un acte de cette nature le constitue en état de forfaiture & de complicité avec les ennemis de la République.

Aucun tribunal n'a le droit de connoître du fait de l'émigration ; c'est l'autorité administrative qui seule peut prononcer, à cet égard, définitivement. La loi a prononcé la peine contre les émigrés, l'autorité administrative est le jury qui déclare la conviction ; le tribunal applique la peine contre eux, ainsi qu'il le fait contre tout criminel qu'un jury vient de déclarer convaincu.

En matière d'émigration, le tribunal doit reconnoître l'identité de la personne, c'est-à-dire, prononcer que tel qui lui est présenté, est bien celui que le jury administratif lui déclare convaincu d'émigration, & en conséquence le livrer à l'exécuteur.

Ainsi donc tout acte du tribunal, en ce cas, qui déclare autre chose que l'identité ou la non-identité de la personne, & l'application de la loi, est hors de la puissance du tribunal. Il faut remarquer encore que ce n'est pas même ici une exception contre l'émigré ; car le tribunal ne fait guère autre chose lorsqu'il condamne un coupable déclaré convaincu par un jury : son jugement est une déclaration, que tel est bien le même que le jury déclare convaincu, de vol par exemple, & que tel article du code pénal condamne à telle peine.

Il n'est pas superflu d'observer, en passant, combien

étoient perfidement contre-révolutionnaires ceux qui, en l'an 4 & en l'an 5, vouloient que les tribunaux ne prononçaffent fur les émigrés qu'après des déclarations de jurés ; ils donnoient ainfi aux émigrés une garantie que n'avoient pas les citoyens français : en effet, un émigré ne peut être traduit par-devant un tribunal qu'après que la puiffance adminiftrative a déclaré qu'il eft émigré, & qu'il n'y a pas lieu à faire droit fur fes réclamations ; tandis que l'officier de police judiciaire peut à chaque inftant arrêter un citoyen & le traduire par-devant un jury. Ainfi l'émigré auroit eu toute la faveur dont un prévenu jouit par-devant des jurés, plus celle qu'il peut obtenir ou arracher près des adminiftrations ; ainfi les ennemis de la patrie auroient eu plus de chances en leur faveur que fes magiftrats même, que fes plus ardens défenfeurs. . . . Une pareille prétention n'étoit-elle pas la plus amère dérifion ou le délire de l'efprit contre - révolutionnaire ? Eh quoi ! le défenfeur de la patrie égaré, entraîné par un moment d'ivreffe, de befoin ou de féduction, eft arrêté, jugé, fufillé prefque avec la rapidité de l'éclair, & fur le champ de bataille ! & l'émigré. . . . . Pardonnez, mes collègues. Je m'égare moi-même ; j'oubliois que j'ai eu l'honneur de porter pendant quelques inftans les armes pour mon pays ; que j'ai été accueilli, protégé, confolé, au milieu de la profcription, par les défenfeurs de la patrie.... La reconnoiffance que je leur dois comme homme & comme citoyen, la vénération que nous devons tous à leur courage, à cet héroïque dévouement, que ne connoiffent pas même entièrement ceux qui en ont été les témoins, me défendent de mettre en comparaifon les fauveurs de la République avec les affaffins de la patrie & des Français.

L'autorité adminiftrative étant le feul jury légal, compétent pour prononcer fur l'émigration ou la non-émigration, le jugement n'eft plus, pour ainfi dire, qu'une formalité d'exécution. La reconnoiffance de l'identité de la perfonne eft une fage garantie contre les crimes du pouvoir

voir & les attentats de la force. Le reste est l'ouvrage de la loi.

La seule chose que puisse faire un tribunal, c'est de reconnoître la personne : s'il s'agit d'un émigré prévenu d'avoir enfreint son bannissement, je lui accorderai, si l'on veut encore, le droit de faire constater s'il a franchi ou non la frontière : mais à ces deux points seuls se bornent toutes ses fonctions ; le reste du jugement n'est que la lecture de l'article de la loi. Si c'est une commission militaire, elle a à reconnoître encore si l'émigré a été saisi en portant les armes ou les ayant portées contre sa patrie, ou s'il a été trouvé sur lui des pièces propres à établir qu'il a été à la solde des puissances ennemies de la France.

Voilà tout ce que peuvent faire les tribunaux & les commissions militaires. Depuis la loi du 19 fructidor, les jugemens des émigrés ont été attribués aux commissions militaires, mais leur devoir, à cet égard, est le même que celui des tribunaux auxquels elles sont substituées, & je n'hésite pas à énoncer en principe, qu'une commission militaire n'a pas le droit d'acquitter un émigré comme non-convaincu d'émigration. Si elle le fait, les juges se rendent coupables du crime de forfaiture & de complicité. Si on m'objectoit que le pouvoir accordé par ces principes à l'autorité administrative, peut donner lieu à des erreurs, qui deviendroient funestes si elles ne peuvent être rectifiées par les tribunaux, je réponds que si un jury légal déclare mal-à-propos un prévenu convaincu d'un délit commis avec intention, les juges doivent se voiler la tête & prononcer la fatale sentence. Cette conséquence peut devenir effrayante dans telle circonstance donnée, je le sais ; mais elle découle des principes, elle est raisonnable, & en harmonie avec toutes les dispositions des lois établissant notre jurisprudence criminelle & la législation sur les émigrés.

Législateurs, cette observation ne doit pas être perdue pour vous : elle présente matière à de profondes réflexions; elle nous conduit à fentir qu'il faut metre un terme aux infcriptions fur la lifte des émigrés, organifer à cet égard un mode d'exécution , & prévenir les erreurs dans lefquelles les paffions ou les circonftances pourroient entraîner l'autorité.

Déja on a jeté à cette tribune quelques penfées à ce fujet, elles ne doivent pas être perdues ; les difpofitions importantes des lois rendues en matière d'émigration , ne doivent pas être laiffées à l'arbitraire , à la négligence , aux erreurs de quelques agens infidèles : il faut que le fort des perfonnes , des propriétés foit définitivement fixé ; que les radiations & les maintenues fur la lifte des émigrés , foient indépendantes des circonftances , des réactions , des craintes ou des intérêts de l'autorité ; il faut fur-tout que le citoyen, dorme fans crainte de voir la paffion, ou l'arbitraire , infcrire fur la lifte fatale le nom de fon parent ou le fien. Il faut empêcher la malveillance de fe fervir de ce moyen terrible de dominer les élections populaires ou d'en paralyfer l'effet.

Mais fi pourtant un émigré a été acquitté par un tribunal quelconque , ce jugement eft-il irrévocable ? Faudra-t-il dire avec Jourdan , *la juftice militaire eft un fort , les chances en font à-peu-prés aveugles , & par cela même irrévocables.*

Repréfentans du peuple , vainement un émigré feroit acquitté par un tribunal quelconque, un crime ne peut pas être abfous par un acte de forfaiture ; l'acte qui abfout un émigré eft nul , c'eft comme s'il n'exiftoit pas : tout acte du juge, qui va au delà de la reconnoiffance de l'émigré, outre-paffe fes pouvoirs, il doit être regardé comme non-avenu , & je ne crains pas d'affirmer en principe, que vainement un émigré , légalement déclaré tel par le pouvoir adminiftratif, feroit acquitté fucceffivement par plufieurs commiffions militaires ; il peut toujours être répris & jugé , tant que fa condamnation n'a pas été prononcée. Le tribunal n'eft ici que l'inftrument de la loi , inftrument en-

core abſolument paſſif, & il eſt de principe qu'on peut
changer d'inſtrument juſqu'à ce qu'il y en ait un qui rem-
pliſſe le but auquel la loi l'a deſtiné.

Si le tribunal acquitte ſur le motif qu'il ne reconnoît
pas l'identité de la perſonne, l'autorité adminiſtrative a
toujours le pouvoir d'en fournir la preuve : s'il acquitte
par tout autre motif, il uſurpe l'autorité adminiſtrative,
qui a le droit de pourſuivre par-tout la condamnation du
coupable qu'elle a déclaré convaincu. Repréſentans, rappelez-
vous ce ſentiment profond & juſte qui empêcha, en l'an 2,
le Corgs légiſlatif de faire droit ſur la demande du Directoire exécutif, qui ſollicitoit, pour le miniſtère de la juſtice,
l'attribution des radiations ou des maintenues ſur la liſte des
émigrés : ce ſont les principes que je développe qui ont
dicté cette détermination.

Mes collègues, ne vous étonnez pas; cette doctrine n'eſt
ni abſurde ni atroce; il ne vous échappe même pas qu'elle
eſt abſolument conforme aux principes de notre juriſpru-
dence criminelle.

En effet, ſi un tribunal criminel oſoit acquitter le coupable que le jury de jugement déclare convaincu, s'il mo-
difioit même la peine, un tel jugement ſeroit inutile au
prévenu : le tribunal de caſſation l'anéantiroit à l'inſtant
même, & renverroit le coupable pardevant un autre tribunal : & remarquez encore qu'il n'annulleroit pas la déclaration du jury (en la ſuppoſant légale, ainſi que les actes
antérieurs); mais il renverroit purement & ſimplement pour
l'application de la peine, & c'eſt bien alors que le ſecond
tribunal ſeroit un inſtrument abſolument paſſif. Que ſi ce ſecond
tribunal acquittoit encore, le prévenu ne ſeroit point abſous;
le tribunal de caſſation conſulteroit le Corps légiſlatif, ſi les
motifs d'acquittement étoient les mêmes que les premiers;
il renverroit encore devant un troiſième tribunal, s'ils étoient
différens.

Ainſi, citoyens repréſentans, un citoyen français, convaincu par un jury légal, ne peut plus être acquitté par aucun acte judiciaire..... Et un émigré, acquitté par un excès de pouvoir, par l'erreur d'une commiſſion militaire, ſeroit impuni, pourroit recouvrer les droits de citoyen français!..... Quelle inconſéquence ! quelle amère ſatire de nos lois & de nos principes!

Il eſt peu de crimes judiciaires dont les juges de l'an 4 & de l'an 5 n'aient donné l'exemple, comme il eſt peu de propoſitions inciviques dont les conſpirateurs royaux n'aient ſouillé la tribune : mais je ne ſache pas qu'ils aient donné l'exemple de l'acquittement d'un émigré. Suppoſer qu'une commiſſion militaire peut oſer plus dans la carrière de la contre-révolution, ſeroit faire un bien ſanglant outrage aux défenſeurs de la patrie ; mais, s'ils l'oſoient, ſi l'intrigue & la corruption pouvoient en abuſer quelqu'une, pourquoi n'aurions-nous pas au moins contre eux la même garantie que contre les autres juges, & pourquoi un acte contre-révolutionnaire & nul ſeroit-il, de leur part, plus irrévocable ?

Jourdan rendoit juſtice à ſa cauſe, en annonçant qu'un émigré ne pouvoit être acquitté que par une *chance aveugle ;* mais de ce qu'une chance eſt aveugle, ſuit-il qu'elle ſoit *irrévocable ?* Admirez à quels pitoyables raiſonnemens ont eu recours ces défenſeurs tant vantés de la cauſe des émigrés.

Voyez où nous conduiroit ce ſyſtême ; une commiſſion militaire, compoſée de conſpirateurs, (& cet exemple n'eſt pas inoui, puiſque la commiſſion de Calais a exiſté,) pourroit, à ſon gré, prononcer l'abſolution irrévocable des émigrés. Ainſi Pichegru a été bien plus inepte que les rapporteurs Jourdan & Portalis : au lieu de méditer ſi long-temps les moyens d'ouvrir à Condé les portes de la France, & de faire franchir le Rhin à ſes légions rebelles, il ſuffiſoit qu'à Strasbourg & à Huningue il organiſât des commiſſions militaires compoſées de ſes affidés. Les ſoldats de Condé, abſous par eux, ſeroient rentrés ſous l'égide d'un

acte judiciaire. Pichegru les plaçoit dans les rangs des défenseurs de la patrie : soldés par la République, ils s'organi-
soient & se recrutoient lentement ; que dis-je ! ils devenoient
les chefs, les juges même des héros français, & Pichegru
pouvoit bientôt, avec une audace impunie, proclamer
Louis XVIII dans son armée. Législateurs, vous frémissez.....
voilà pourtant la conséquence de l'irrévocabilité de l'absolution des émigrés, prononcée par les commissions militaires.

Le jugement de la commission militaire de Calais doit
donc être considéré comme non avenu, & absolument inutile
aux émigrés. Au lieu de consulter le Corps législatif, le
Directoire exécutif devoit simplement les faire traduire par-
devant une autre commission militaire. Et je m'étonne que,
dans cette affaire, on ait autant argué de l'illégalité de la
formation de cette commission ; car ce moyen étoit une
sorte d'aveu que si elle eût été formée légalement, son absolution étoit irrévocable.

Le jugement de ce tribunal légalement ou illégalement
formé ne seroit donc point un obstacle à ce que les émigrés
fussent traduits aujourd'hui pardevant une autre commission
militaire.

Mes raisonnemens feront naître sans doute diverses réflexions dans vos esprits. En rapprochant leurs conséquences
du pouvoir accordé à l'autorité administrative de prononcer
irrévocablement sur les maintenues, les radiations, les inscriptions sur la liste des émigrés, vous pourriez craindre
qu'un jour il ne résultât des abus de la faculté de traduire
successivement devant plusieurs commissions militaires
l'homme déclaré convaincu d'émigration. Peut-être il vous
semblera d'une importance majeure d'organiser légalement
un mode de pourvoi contre les jugemens des commissions
militaires, & de garantie contre les erreurs de l'autorité
administrative ; peut-être vous semblera-t-il convenable de
ne pas regarder les jugemens en matière d'émigration comme
de simples actes d'exécution, & de fixer un mode légal

de révifion...... J'appuierai bien volontiers ces propofitions s'il n'en découle pas des conféquences favorables
pour les émigrés; mais tant que la légiflation actuelle fub-
fiftera, il eft évident que l'autorité adminiftrative eft le feul
jury légal chargé de prononcer fur le fait de l'émigration,
& que les tribunaux, en ce cas, ne font que les applica-
teurs paffifs de la loi générale.

Les deux obfervations générales que je viens de vous
préfenter ne feront pas fans doute perdues pour vous, légiflateurs; vous jugerez peut-être important de les livrer aux
méditations d'une commiffion fpéciale, & de rendre une loi
qui, en prévenant des abus & des coups d'autorité dont les
fuites défaftreufes feroient incalculables, devienne le com-
plément & le fceau de notre légiflation fur les émigrés.

Il eft à obferver encore dans ce cas particulier, que
l'examen de la queftion de favoir fi les émigrés de Calais
avoient été *pris* ou non, étoit fuperflu, & que la commiffion militaire s'eft livrée bien inconfidérément à cet
examen, puifque le paragraphe III de l'art. VII du tit. V
de la loi du 25 brumaire an 3, porte textuellement :

*Ceux qui auront été ou fe trouveront faifis de congés ou
paffe-ports délivrés par les chefs français émigrés ou par
les commandans militaires des armées ennemies, font réputés avoir fervi contre la France; ils feront en conféquence......, &c. &c.*

Dira-t-on maintenant que la loi du 15 thermidor devoit
fervir aux émigrés naufragés à Calais, d'égide & de feconde
abfolution ? Repréfentans du peuple, cette loi fut une vio-
lation folemnelle de la conftitution, de tous les principes &
de toutes les lois en matière d'émigration; elle eft la preuve
d'une protection audacieufe accordée aux ennemis de l'Etat,
d'une véritable exception en faveur des émigrés; elle entraîne
les conféquences les plus défaftreufes, elle ne peut fubfifter
fous aucun afpect; & quelle que détermination que vous

adoptiez dans ce cas particulier, la République & la conftitution vous commandent la folemnelle abrogation de cette loi.

Le Corps légiflatif n'a pas le droit de faire une exception en faveur des émigrés : l'art. 373 de l'acte conftitutionnel a limité fa puiffance à cet égard. Excepter des émigrés naufragés des lois fur l'émigration, c'eft diftinguer où la loi n'a ni diftingué ni admis de diftinction ; c'eft évidemment prononcer une exception : mais faire remife à des émigrés quelconques de la peine portée par les lois, c'eft faire bien plus encore que de prononcer une exception, c'eft proclamer l'impunité du crime.

Portalis & Jourdan (des Bouches-du-Rhône) voulurent faire une claffe particulière des émigrés naufragés, & de tous ceux qui, par cas fortuit, par force, par hafard, feroient apportés en-deçà de nos frontières. *Ceux-ci*, difoient-ils, *font abfous par la fortune, par le malheur ; nous devons A CES ACCUSÉS toute faveur...... Notre guerre avec les émigrés doit être une lutte généreufe & non un cours d'affaffinats..... Un émigré naufragé n'eft pas coupable, il n'eft que malheureux ; il n'appelle pas la vengeance, mais la pitié ; les lois de la nature, le droit des gens, l'intérêt de l'Europe, des braves marins, des commerçans, des voyageurs, réclament en leur faveur.....*

Tout en émettant ces principes, ils n'osèrent pourtant pas folliciter une loi pour les confacrer ; ils fentoient qu'elle étoit profcrite par la conftitution, & qu'elle auroit été infailliblement repouffée : ils trouvèrent plus adroit de regarder cette jurifprudence comme néceffaire, & de l'amener par une décifion particulière. Légiflateurs, vous ne ferez pas en faveur des émigrés plus que n'ont ofé les confpirateurs de fructidor ; vous ne confacrerez pas, par une décifion particulière, des principes qu'ils ont redouté d'ériger en loi ; & quelle que foit votre détermination dans cette circonftance, il importe de proclamer qu'elle n'eft fondée ni fur le jugement de la commiſſion militaire, ni ſur la loi du 15 thermidor; que ces deux actes de conſpiration ſont réprouvés par vous, & que ſous aucun prétexte vous n'êtes diſpoſés à en tolérer de ſemblables pour l'avenir.

Où la loi conſtitutionnelle n'a ni excepté ni diſtingué, le légiſlateur, le juge ne doit ni diſtinguer ni excepter. Une exception en faveur des émigrés ou naufragés, ou jetés ſur nos frontières de toute autre manière, n'eſt pas moins une exception qui n'a été faite par aucune loi antérieure à la conſtitution. Que dans la déclaration de la compétence ſur le cas particulier, le tribunal ait égard à cette circonſtance, je le conçois; mais que le légiſlateur prenne une meſure générale à cet égard, la conſtitution le lui défend : prononcer ſur le cas particulier, ce ſeroit faire un acte judiciaire qui excède ſes attributions.

Si vous accordez que les émigrés jetés ſur le territoire de la République par force majeure, doivent être abſous par les tribunaux, l'Angleterre bientôt en repeuplera vos côtes; de toute part les armées ennemies revomiront ſur votre terre des émigrés & des conſpirateurs, qui ſe prétendront impuniſſables parce qu'ils ſe diront contraints, & qui juſtifieront même l'action d'avoir porté les armes dans l'intérieur, par la néceſſité d'une légitime défenſe : vous verriez bientôt dans le Midi Willot & Pichegru demander inſolemment leur abſolution à une commiſſion militaire, ſous le prétexte que Pitt les a fait jeter ſur nos côtes. Certes, je crois auſſi, comme Portalis & Jourdan, au pouvoir de la fortune; le ſort de nos ennemis, des émigrés ſur-tout, me fait quelquefois admirer ſa juſtice; mais je lui refuſe la puiſſance d'abſoudre des crimes contre la nation & contre la patrie.

Que le tribunal ne puniſſe pas de mort l'émigré qui, n'ayant jamais porté les armes, eſt jeté ſur notre territoire par la tempête, cet acte me ſemble juſte & conſéquent; la loi n'a puni l'émigration ſimple, que du banniſſement perpétuel. La mort eſt la peine portée contre l'infraction du banniſſement : je l'ai déja dit, cette infraction ne feroit pas un délit fi elle n'étoit pas volontaire. Mais, je le répète, l'émigré qui prend les armes contre fa patrie, mérite la mort dès cet inftant, & dès cet inftant elle la prononce contre lui. De quelque nature que foient les événemens poftérieurs qui les mettent au pouvoir de la loi, ils ne peuvent affoiblir fon action, & diminuer un délit qui fut antérieurement qualifié & jugé par la loi.

Voyez où nous conduiroit l'interprétation donnée aux termes de la loi par Jourdan & Portalis, fi par émigrés *pris*, on ne doit entendre que ceux *trouvés dans une fituation hoftile* ; s'il eft exact de dire qu'*on ne prend point un émigré qui eft livré fans défenfe* ; fi, parce que les difpofitions des lois s'appliquent à des émigrés, il faut refferrer la fignification des mots, l'article XVI de la loi du 19 fructidor dit que les émigrés qui feroient *arrêtés* dans le territoire de la République feront punis de mort. On *n'arrête* pas, par exemple, celui qui fe livre volontairement ; ainfi les émigrés qui font en France n'ont qu'à fe livrer volontairement aux commiffions militaires, elles doivent les abfoudre, puifqu'ils ne feroient pas *arrêtés*, puifqu'on ne *prend* pas celui qui eft livré fans défenfe...... J'avoue, citoyens repréfentans, que cette doctrine feroit commode pour les émigrés qui voyagent en France ; en fe préfentant aux commiffions militaires, celles-ci leur épargneroient les frais & les dangers du retour, & on fe joueroit ainfi des difpofitions des lois.

La peine de mort eft encourue par l'infraction du banniffement ; il fuffit qu'il ait été volontaire, pour qu'elle doive être prononcée. La manière dont enfuite l'émigré tombe aux mains de la juftice eft totalement indifférente, & vous remarquez encore ici ce rapprochement avec notre jurifprudence criminelle : le prévenu qui fe préfente volontairement pour purger un jugement de contumax, s'appuieroit bien vainement de fa préfentation volontaire, s'il étoit

déclaré convaincu du délit. Je le répète, citoyens repréfentans, fi un individu condamné à un crime capital par le
tribunal du Pas - de - Calais, avoit été dans le nombre des
naufragés, l'accufateur public auroit-il dû le faire reconduire
fur-le-champ en pays neutre ?

Ici même, citoyens repréfentans, comme j'ai eu l'honneur de vous l'obferver, il eft furabondant de fe livrer à
cette difcuffion ; car le texte de la loi eft formel : elle a
condamné à mort ceux qui feroient trouvés porteurs de
paffeports, de congés donnés par les chefs des émigrés ou
les commandans militaires des armées ennemies. Leur fort
étoit donc déterminé par la loi. Qu'importoit que leurs
vaiffeaux euffent arboré tel ou tel pavillon ? Jourdan & Portalis les déclarent neutres, parce qu'ils naviguoient fous pavillon danois ; en auroient-ils donc fait des Français, s'ils
avoient eu le pavillon tricolor ? Qu'importoit qu'ils euffent
dit être expédiés pour les grandes Indes ? qu'importoit même
encore cette prétendue ftipulation fi ridiculement alléguée
de ne point fervir contre la France (1) ? Toutes ces circonftances, fi confolantes pour les ames fenfibles des dé-
putés déportés en fructidor, font indifférentes à la queftion ;
& puifqu'ils les écartoient eux-mêmes, je puis bien les écar-
ter auffi, pour préfenter ce texte clair & impératif de
la loi.

« Ceux qui auront été ou fe trouveront faifis de congés
» ou de paffeports délivrés par les chefs français émigrés,
» ou par les commandans militaires des armées ennemies,
» font réputés avoir fervi contre la France. Ils feront en
» conféquence jugés dans les 24 heures par une commif-
» fion militaire, &c. &c. »

____

(1) Admirez la logique de Portalis, ou pénétrez au fond de fa
penfée : il déclare & affirme que des hommes munis de congés,
portant promeffe de *fervir pendant toute la guerre contre les régicides français*, ont *expreffément ftipulé qu'ils ne feroient jamais
employés contre la France* . . . . Où donc eft la France de
Portalis & de Jourdan ?

Après avoir expofé les principes qui devoient diriger les légiflateurs dans cette difcuffion avant le 19 fructidor , il me refte à examiner quelle détermination doit être prife par vous fur le cas particulier ; & ici , je dois l'avouer avec franchife, fe préfentent des incertitudes. Si je faifois partie de la commiffion devant laquelle feroient aujourd'hui traduits ces individus, je croirois devoir voter l'application des peines prononcées par la loi ; je me regarderois comme l'inftrument aveugle de fes volontés, & je me bornerois fans examen à en prononcer l'exécution : mais d'autres principes & d'autres motifs doivent diriger les décifions du légiflateur. La loi du 19 fructidor fut un acte de générofité nationale ; fi elle eft applicable au cas particulier, nous devons la refpecter ; nous devons ne pas attacher à fes difpofitions un caractère de févérité qu'elle a refufé d'y attacher elle-même ; nous devons lui conferver la modération qui honora cette époque, & qui a contribué peut-être à en affurer les réfultats.

Il ne faut pas fe diffimuler que la queftion peut paroître douteufe ; des raifons puiffantes s'élèvent pour & contre l'application de la loi du 19 fructidor au cas particulier qui nous occupe : mais dans cette incertitude le légiflateur doit être généreux. Il ne s'agit pas d'une décifion générale & de falut public ; il ne s'agit que d'une application particulière à un fait antérieur & qui ne peut plus fe reproduire , application qui peut fe faire avec les précautions qui en éloignent le danger.

Il faut convenir que la loi du 15 thermidor an 5 formoit une légiflation particulière en faveur des émigrés naufragés à Calais. Cette légiflation ne fut pas regardée comme abrogée par la loi du 19 fructidor ; par conféquent on pourroit croire que les difpofitions de cette feconde loi ne leur font pas applicables en ce moment. En effet, après le 18 fructidor le Directoire exécutif s'empreffa de dénoncer la loi du 15 thermidor comme contre-révolutionnaire &

inconstitutionnelle ; & au lieu d'exécuter purement & simplement, à l'égard des émigrés de Calais, l'article 16 de la loi du 19 fructidor, il en sollicita une nouvelle. Le Corps législatif, loin de passer à l'ordre du jour motivé sur l'existence de la loi du 19 fructidor, renvoya la proposition à une commission spéciale, & jusqu'à ce jour il n'a pas été encore proposé de passer à l'ordre du jour, motivé sur les dispositions de la loi du 19 fructidor. Ces faits semblent la preuve que ni les auteurs de cette loi, ni le Corps législatif lui-même, ne l'ont regardé comme applicable au cas particulier.

Cependant, citoyens législateurs, cet article paroît clair & précis ; *les émigrés actuellement détenus seront déportés :* telle est sa disposition. Devons-nous croire maintenant, ainsi que le propose la commission, que cette disposition n'est pas applicable à ceux d'entre les émigrés qui auroient encouru les peines capitales ? Doit-on, par exemple, accuser d'embauchage, de crime de port-d'armes contre la patrie quelques-uns des émigrés détenus à l'époque du 19 fructidor ? Je le déclare avec franchise, cette interprétation pourroit paroître subtile ; & quand il s'agit de la peine de mort, quels que soient les crimes de ceux qui l'ont encourue, mon cœur se refuse à prononcer sur des subtilités. Vous ne voulez pas ressembler au rapporteur Jourdan (des Bouches-du-Rhône), qui osa dire au Corps législatif : *Ce que je dis seroit une subtilité qu'il faudroit l'admettre.* Je porte une haine également profonde, & aux subtilités qui font couler le sang, & à celles qui absolvent les ennemis de la patrie ; & je pense que, dans l'incertitude du sens de la loi du 19 fructidor, vous n'hésiterez pas à l'appliquer.

Remarquez d'ailleurs quels seroient les résultats d'une disposition contraire : votre commission ne s'est pas déterminée à vous la proposer, dans la crainte que le Corps législatif ne paroisse s'attribuer le pouvoir judiciaire ; mais si la question n'est pas décidée par vous d'une manière précife, ces émigrés alors, traduits pardevant un fecond tribunal, préfenteront le jugement du premier qui les acquitte, & alors fe renouvelle ou le conflit de jurifdiction, ou le jugement fcandaleux qui a donné naiffance à cette difcuffion....... Si vous décidez d'une manière formelle que les émigrés de Calais doivent être mis une feconde fois en jugement, vous prononcez fur le premier, & vous exercez par le fait l'ordre judiciaire. Les ferez-vous juger en qualité d'embaucheurs? non, fans doute, légiflateurs; ce feroit une chofe dérifoire, indigne de vous, que de faire juger des hommes coupables d'un crime capital du premier ordre, comme prévenus d'un délit fecondaire. Ordonnerez-vous qu'ils foient punis comme ayant porté les armes contre la patrie? mais vous prononceriez fur le jugement du premier tribunal qui les a acquittés fur ce chef, &, dans les deux cas, vous reftreignez l'application de la loi du 19 fructidor.

A mon fens, la feule détermination fagement équitable, eft celle d'appliquer à ces émigrés la peine de déportation prononcée par la loi du 19 fructidor : cette mefure porte un caractère de générofité digne de vous; elle n'entraîne aucune décifion en faveur des émigrés, aucune exception, aucune modification des peines portées par les lois; elle vous donne le droit d'être févères & inflexibles pour l'avenir, & vous confirmez même, par un pardon non mérité, les difpofitions des lois rendues contre les émigrés.

Mais de ce que vous accorderiez encore aujourd'hui un pardon généreux, s'enfuivra-t-il que vous devez décider, ainfi que l'auroit fait la loi du 15 thermidor, que les émigrés dont il eft queftion doivent être fimplement dé-portés. Non, citoyens légiflateurs, vous n'avez pas le droit d'être généreux d'une manière nuifible à la chofe publique. La liberté rendue à ces émigrés vous rendroit refponfables des affaffinats qu'ils pourroient commettre encore envers les défenfeurs de la patrie : en pardonnant aux coupables, vous avez le droit de prendre contre eux les précautions de sûreté générale. La loi du 19 fructidor a décidé que les émigrés alors détenus feroient déportés; vous avez le droit de fixer le mode & la mefure de la déportation. Je propofe en conféquence de décider qu'ils feront déportés au delà des mers, & détenus avec une exacte furveillance jufqu'à ce que cette mefure puiffe s'effectuer fans danger.

Remarquez encore que cette mefure doit être prife en conféquence de la loi du 19 fructidor; car, en lui donnant l'apparence d'une difpofition nouvelle & particulière, vous feriez une exception que vous n'avez pas le droit de faire, & que la conftitution vous défend. Il importe donc de donner à la loi que vous allez rendre le caractère d'interprétation de la loi du 19 fructidor. Les émigrés de Calais pourroient-ils fe plaindre de ce qu'on ne les déporte pas en pays neutres, ainfi que ceux auxquels on a appliqué la loi du 19 fructidor? Je ne vois rien dans les difpofitions de cette loi qui aient empêché le Directoire exécutif de déporter alors les émigrés au lieu qu'il a jugé le plus convenable, & la déportation en pays neutre, fur-tout des émigrés alors détenus, a été une grande extenfion que vous ne devez pas donner à cette loi. Les émigrés de Calais n'ont aucun fondement pour folliciter une liberté entière, le coupable n'a pas le droit d'accufer l'autorité qui lui fait grace : il n'a que le pouvoir de la refufer. Les crimes des émigrés nous ont inftruits des précautions que nous devons prendre à leur égard.

Cette circonftance, citoyens légiflateurs, doit nous montrer le danger de nous occuper d'une queftion particulière, & de contribuer par notre complaifance à encourager la foibleffe ou la complicité des tribunaux. Nul de nous ne gémit fans doute de la néceffité où il fe trouve d'exercer un acte de clémence; mais nous ne pourrions pas en exercer un femblable à l'avenir fans compromettre le falut de la République & détruire les principes fondamentaux de notre légiflation.

Mais, citoyens repréfentans, tout en convenant des conféquences qui dérivent de nos lois rendues contre les émigrés, leurs complices pourroient-ils les accufer de barbarie, & les préfenter à l'Europe & à la poftérité comme un acte d'accufation contre le peuple français? leur feroit-il permis de fe prévaloir du droit imprefcriptible qu'a tout homme de quitter fon pays, fa cité, de renoncer au pacte focial, pour porter ailleurs fon induftrie, fa perfonne & fa fortune? Les légiflateurs de France auroient-ils donné les premiers cet exemple d'une légiflation rigoureufe & inflexible envers les émigrés? Ces queftions, repréfentans du peuple, n'honoreront pas l'époque où elles étoient moins préfentées comme des doutes que comme un acte d'accufation contre la République. Ces nations qui ont éclairé le monde, dont les noms retracent de fi grands fouvenirs, & dont la gloire a traverfé les fiècles & n'a pu être effacée ni par des torrens de fang, ni par les crimes de tant de tyrans, ni par les efforts de l'ignorance & du fanatifme : ces nations immortelles avoient proclamé, bien des fiècles avant le nôtre, les mêmes principes & les mêmes inftitutions. Ces héros de la Grèce, dont l'image gigantefque n'étonna notre jeuneffe que pour lui révéler le fecret de la puiffance populaire, dont le génie a enfanté le génie de la France, & dont les trophées font aujourd'hui effacés par nos trophées ; ces orateurs, ces magiftrats des Républiques provoquèrent les fupplices des citoyens lâches & parjures. Sparte prononça la peine de mort contre les émigrés ; elle la porta même contre *les fugitifs*; & nous favons, mes collègues, quelle application meurtrière des confpirateurs donnèrent trop long-temps à cette expreffion : Athènes prononça des peines févères contre un citoyen qui avoit éloigné fa famille dans le moment où la ville étoit en danger. Elle porta la peine de mort contre d'autres citoyens qui, pendant une guerre avec Sparte, s'étoient retirés dans un fort de l'Attique occupé par les Lacédémoniens.

Représentans du peuple, Portalis voulant confirmer par un exemple ses principes en faveur des émigrés, cita avec emphase l'action généreuse racontée par Raynal, d'un capitaine espagnol envers un capitaine anglais, que la tempête obligea de mouiller dans le port qu'il commandoit. Il en conclut que les lois qui établissent les relations des peuples doivent aussi fixer nos rapports avec les émigrés ; qu'ils *sont des ennemis auxquels nous devons faire en temps de paix le plus de bien, & en temps de guerre le moins de mal possible, & sur lesquels nous n'avons que les droits qui naissent de la nécessité de la défense, ou du succès des armes ; des ennemis enfin, avec lesquels notre guerre doit être une lutte généreuse & non un cours d'assassinats, & qui, s'ils sont battus par l'orage, sont absous dès cet instant, & doivent trouver en France une terre hospitalière, dans laquelle, ce* sont ses propres expressions, *ils demeurent sous l'empire de la nature sans tomber sons celui de la loi.*

Je vais répondre à ce trait si peu applicable à la question actuelle par un des faits les plus marquans que nous présentent les fastes de l'antiquité.

Après la bataille de Chéronée, Philippe s'avançant vers Athènes, les citoyens se préparèrent à la résistance. L'un d'entre eux, nommé Léocrate, quitta sa patrie & s'en fuit à Rhodes & à Mégare, d'où il revint au bout de six ans. Un des plus grandes hommes d'Athènes, l'orateur Lycurgue, l'accusa devant le peuple comme un lâche qui avoit abandonné sa patrie pendant qu'elle avoit besoin de son secours, en un mot, *comme un émigré*, & demanda sa condamnation.

Législateurs, vous vous rappelez sans doute ce discours de Lycurgue, l'un des plus beaux que l'antiquité nous ait transmis, & qui, rempli de vérités terribles contre les émigrés, préfente à cet égard les plus étonnans rapprochemens. Permettez-moi de rappeler la manière dont Lycurgue termina fon acte d'accufation ; il ne vous paroîtra peut-être pas médiocrement intéreffant d'entendre un des premiers orateurs & des premiers magiftrats de la Grèce, répondant à Portalis, devenu défenfeur des émigrés.

C'eft ainfi que Lycurgue termine fon difcours contre le fugitif Léocrate :

« Il faudroit, je penfe, malgré ff'ufage reçu, que du
» moins dans le procès d'un lâche qui a pris la fuite, les
» juges en prononçant fiffent affeoir à leurs côtés leurs
» femmes & leurs enfans ; & cela, pour que la vue de ces
» infortunés qui avoient le plus à craindre dans le péril,
» rappelant à leur fouvenir que la foibleffe de l'âge & du
» fexe follicite la compaffion de tous les hommes, leur
» fit rendre un jugement plus févère. Mais comme la loi
» & l'ufage s'y oppofent, vous devez du moins par votra
» fentence venger vos femmes & vos enfans. Annoncez-
» leur donc par le fupplice de Léocrate, qu'arbitres du
» fort d'un lâche dont la retraite les a laiffés expofés à la
» fureur du foldat, vous l'avez puni comme il le méritoit. Eh !
» n'eft-il pas trifte, n'eft-il pas révoltant de voir Léocrate pré-
» tendre partager dans cette ville les mêmes droits, les mêmes
» priviléges ; lui qui a fui, avec ceux qui ont tenu ferme ;
» lui qui a craint le péril, avec ceux qui ont livré le com-
» bat ; lui qui a déferté la patrie, avec ceux qui l'ont
» défendue, & qu'il vienne participer aux objets facrés &
» civils, aux lois, au gouvernement, à la place publique,
» à tous ces avantages pour la défenfe defquels mille de
» nos citoyens morts à Chéronée, ont obtenu, aux dé-
» pens du tréfor public, les honneurs de la fépulture ?
» L'infcription gravée fur leurs tombeaux n'a point fait
» rougir ce perfide à fon retour ; il croit encore pouvoir pa-
» roître avec une affurance effrontée aux yeux des Athéniens
» qui ont pleuré leur trépas. Et il viendra vous prier d'écouter

» fa juftification en vertu des lois ! mais, vous, demandez-
» lui en vertu de quelles lois ? n'eft-ce pas de celles aux-
» quelles il a renoncé en fe rétirant ? Il vous conjurera de
» le laiffer vivre dans l'enceinte des murs de fa patrie !
» mais de quels murs ? n'eft-ce pas de ceux qu'il a refufé
» de garder avec tous les autres citoyens ? Il invoquera les
» dieux pour le tirer du péril ! mais quels dieux ? ne font-
» ce pas ceux mêmes dont fa fuite a laiffé expofés à la pro-
» fanation & aux ravages les temples, les autels & les bois
» facrés ? Il implorera la compaffion ! . . . eh ! de qui ?
» n'eft-ce point des hommes mêmes à la sûreté defquels il n'a
» pas eu le courage de contribuer comme les autres ? Qu'il
» aille implorer les Rhodiens, puifqu'il a cru trouver chez
» eux un afyle plus sûr que dans fa propre patrie. Qui
» donc lui devroit de la pitié ? les vieillards ? mais en les
» abandonnant il les a privés, autant qu'il étoit en lui,
» de l'avantage d'être fuftantés dans leur vieilleffe, d'être
» enterrés libres dans le fol libre de leur patrie : les jeunes
» gens ? mais qui d'entre eux, fe rappelant les jeunes ci-
» toyens dons ils ont partagé les périls à Chéronée, fau-
» veroit le lâche qui a livré à l'ennemi leurs tombeaux, &
» par le même fuffrage taxeroit de folie ceux qui font morts
» pour la liberté, & applaudiroit, en le renvoyant abfous,
» à la fageffe de celui qui a laiffé fon pays fans défenfe ?
» Un pareil jugement enhardiroit ces hommes mal inten-
» tentionnés pour vous & pour le peuple, qui parlent &
» n'agiffent que pour vous nuire. On ne doit pas regarder
» comme le fimple retour d'un exilé, le retour d'un
» homme qui, après avoir abandonné fa patrie, s'être con-
» damné lui-même à l'exil, & être refté à Mégare fous
» un protecteur pendant près de fix ans, reparoît tout-à-
» coup au milieu de fes compatriotes : le retour d'un
» homme qui, après avoir condamné l'Attique à n'être
» plus qu'une campagne déferte, uniquement propre à
» nourrir des troupeaux, habitera de nouveau & cultivera

» l'Attique avec nous. Encore un mot, & je finis. Je
» vais rapporter un décret du peuple concernant les devoirs
» d'un citoyen envers les dieux, envers fa patrie, envers
» fes parens. Greffier, lifez ce décret : cette lecture fera utile
» pour des juges qui vont prononcer.

On lit le décret.

» Ainfi, Athéniens, je vous dénonce un homme qui a
» violé tous fes devoirs, je vous le dénonce à vous qui
» êtes maîtres de le punir. Vous vous devez le fupplice de
» Léocrate, vous le devez aux dieux.
» Pour moi, il me femble que, par une feule fentence,
» vous allez prononcer en ce jour fur la multitude des crimes
» dont Léocrate s'eft chargé lui-même : crime de trahifon,
» puifque par fa retraite il a abandonné & livré la ville
» aux ennemis ; crime de lèfe-majefté envers le peuple,
» puifqu'il a refufé de combattre pour la liberté ; crime
» d'impiété, puifque, autant qu'il dépendoit de lui,
» il a laiffé ravager les campagnes facrées, piller &
» ruiner les temples ; crime d'outrage envers fes parens,
» puifqu'il n'a pas empêché pour fa part que leurs tom-
» beaux ne fuffent détruits, que leurs cendres ne fuffent
» privées des honneurs qui leur font rendus ; crime de
» défertion & de fuite de fervice, puifqu'il ne s'eft pas
» offert aux généraux qui lui auroient affigné fon pofte.
» Qui de vous, après cela, pourroit le renvoyer abfous ?
» pourriez-vous lui pardonner tant de crimes renfermés dans
» un feul ? feriez-vous affez dépourvus de raifon pour
» abandonner, en fauvant un lâche, votre propre falut à
» ces hommes toujours ennemis de l'intérêt public ; pour
» vous expofer de gaieté de cœur, par une compaffion
» funefte, à être accablés par des ennemis fans aucune pitié :
» enfin pour encourir la vengeance des dieux fans autre but
» que d'obliger un traître à la patrie ? »

Je termine, légiflateurs, en vous priant de me pardonner des détails qui m'ont femblé importans à votre gloire & à celle du peuple français.

PROJET DE RÉSOLUTION.

Le Confeil des Cinq-Cents, confidérant que la loi du 15 thermidor an 5, relative aux émigrés naufragés à Calais, eft contraire aux difpofitions de l'acte conftitutionnel & dangereufe par fes réfultats, & qu'il eft urgent de lever les doutes qui ont eu lieu fur l'application à faire à ces individus, de l'art. 16 de la loi du 19 fructidor an 5, déclare qu'il y a urgence, & prend la réfolution fuivante:

ARTICLE PREMIER.

La loi du 15 thermidor an 5, relative aux émigrés fe difant naufragés fur les côtes de Calais, eft rapportée.

I I.

Conformément aux difpofitions de l'art. 16 de la loi du 19 fructidor, ces émigrés feront déportés au delà des mers, dans le lieu qui fera défigné par le Directoire exécutif.

I I I.

Le Directoire exécutif eft chargé de fixer le temps & les mefures néceffaires pour effectuer cette déportation. Dans le cas où ces individus viendroient à s'évader, ils feront punis conformément aux lois fur les émigrés.

I V.

La préfente réfolution ne fera pas imprimée; elle fera portée au Confeil des Anciens par un meffager d'état.

A PARIS, DE L'IMPRIMERIE NATIONALE.

Prairial, an

www.ingramcontent.com/pod-product-compliance
Ingram Content Group UK Ltd.
Pitfield, Milton Keynes, MK11 3LW, UK
UKHW021649090726
13657UKWH00004B/1856